Michael Heinen-Anders
Eine andere Sicht auf Pietro
Archiati

Herstellung und Verlag: BoD- Books on Demand,
Norderstedt

ISBN **9783746092973**

Inhaltsverzeichnis

Eine andere Sicht auf Pietro Archiati

Pietro Archiati wurde geboren 1944 in Brescia (Italien) als viertes von zehn Kinder einer Bauernfamilie. Er besucht eine Klosterschule und beginnt anschließend das Studium der Philosophie und Theologie, welches er in Rom und München abschließt. Als Volksschullehrer wird er in Laos und als Ordenspriester in New York unter anderem innerhalb der Marriage-Encounter-Bewegung tätig. Plötzlich verliert er seine Stimme und wird für drei Jahre Einsiedler am Comer See: dort hat er die entscheidende Begegnung mit dem Werk Rudolf Steiners (1977). Er wird schließlich erfolgreich operiert und wird daraufhin 1981-85 in Südafrika als Dozent in einem Priesterseminar tätig, er ist zugleich zuständig für Erwachsenenbildung und sieht sich in seinen Kursen bereits als Vertreter der Geisteswissenschaft Rudolf Steiners.
Durch die starke Betonung anthroposophischer Quellen in seinen Kursen, kommt es schließlich zum Bruch mit der katholischen Kirche. Seit 1987 ist er freiberuflich als Kursleiter und Vortragender in Deutschland und anderen Ländern tätig.

Nach einigen Veröffentlichungen im Verlag Freies Geistesleben und im Verlag am Goetheanum, kommt es schließlich zum Konflikt mit der Leitung der Allgemeinen Anthroposophischen Gesellschaft (AAG) mit Sitz in Dornach/Schweiz.

Pietro Archiati wurde seinerzeit von Manfred Schmidt-Brabant der Austritt aus der AAG nahegelegt.

Dieser Aufforderung kam Pietro Archiati denn auch nach und wirkt seither als unabhängiger Vortragender und als Publizist für den anthroposophischen Impuls. Nach Ablauf des Urheberrechts an den Schriften und Vorträgen Rudolf Steiners lässt Pietro Archiati sehr preiswerte Nachdrucke aufgrund von Original-Stenogrammen der Vorträge Rudolf Steiners über den Archiati-Verlag (jetziger Name: Rudolf-Steiner-Ausgaben) unter Fantasie-Titeln verbreiten. Dies hat ihm auch Kritik seitens der Rudolf Steiner Nachlassverwaltung eingebracht.

==Irrtumsmöglichkeiten==

"Also das Unterlassen und das Unterdrücken des Geistes - wenn wir das Wort <<Geist>> für die Fülle der Menschlichkeit nehmen -, das sind die zwei Stufen des Bösen. Aber das Böse ist niemals wesenhaft, es ist immer entweder ein

9

Unterlassen oder ein Unterdrücken eines Guten. In beiden Fällen ist es ein Manko: Ein mögliches Gutes wird nicht geschaffen oder es wird verhindert. Deswegen ist die Auseinandersetzung mit dem Bösen so schwierig, weil wir immer wieder in den Irrtum hineinkommen, das Böse als etwas Reales, als etwas Handfestes und Wesenhaftes anzusehen.

Das ist auch eine Illusion." (Pietro Archiati: Mit Engeln und Verstorbenen leben, S. 52 - 53).

Pietro Archiati unterliegt hier als ehemaliger katholischer Priester gleich zwei Irrtümern. Das Böse ist nicht wesenlos - und es kennt nicht lediglich zwei Pole bzw. Stufen. Das wesenhafte Böse bildet tatsächlich eine Dreifaltigkeit ganz eigener Art: Luzifer, Ahriman und Sorat-Asuras. Einem ähnlichen Irrtum dem Bösen gegenüber verfiel auch Valentin Tomberg und zwar nach seiner Konversion zur katholischen Kirche (vgl. Die großen Arcana des Tarot, Kapitel: Der Teufel).

Den Widersachermächten ihre Wesenhaftigkeit abzusprechen gehört gerade heute zu einem der Grundübel des zeitgenössischen Katholizismus.

Pietro Archiati bemerkt denn auch: "Ich habe niemals auch nur ein Teilchen echten Katholizismus verneinen müssen, alles wurde für mich (durch Rudolf Steiner) immer nur größer und größer und tiefer und tiefer." (Pietro Archiati: Aus meinem Leben, S. 34).

== Eine Anekdote rund um Pietro Archiati und Johannes Paul II. ==

"Johannes Paul II. war ein Kenner der Geisteswissenschaft Rudolf Steiners. In seiner polnischen Zeit – als er noch Mitglied einer Krakauer Theatergruppe war, Literaturwissenschaft studierte und selbst Dramen schrieb –, lieh er sich regelmäßig Zyklen von der Bibliothekarin eines im Untergrund arbeitenden polnischen anthroposophischen Zweiges aus; er machte sich mit Steiners Ausführungen zur Sprachgestaltung und dramatischen Kunst bekannt und wird wohl auch christologische Zyklen studiert haben. Derselbe polnische Anthroposoph, der die betreffende Zweigleiterin persönlich kannte und diese Dinge dem Verfasser dieser Zeilen bereits vor rund zwanzig Jahren mitgeteilt hatte, erzählte auch von einer von ihm selbst gesehenen Photographie, auf der auf Woitylas Schreibtisch die zu Beginn der 80er Jahre auf Deutsch erschienenen Werke Valentin Tombergs zu sehen sind. Tomberg brachte bekanntlich das rätselhafte Kunststück fertig, nach Jahrzehnten anthroposophischen Studiums und Wirkens zum

Katholizismus zu konvertieren. Und er wurde daher für gewisse Kreise der katholischen Kirche besonders interessant und wertvoll, wie weiter unten gezeigt wird. Und auch vor der Idee der Reinkarnation – eine Kernidee der Geisteswissenschaft R. Steiners – schreckte Woityla nicht zurück. Dies geht unmissverständlich und am Direktesten aus einem Gespräch hervor, das der katholische Philosophieprofessor und Mitherausgeber der Werke Tombergs, Robert Spaemann, eines Tages mit Johannes Paul II. geführt hatte. Von diesem Gespräch machte der frühere Katholik und jetzige Anthroposoph Pietro Archiati auf die Bitte des Verfassers eine Aufzeichnung, die er diesem im Sommer 1990 ohne Vorbehalte zusandte. Wir zitieren ohne Änderung:«Anfang Dezember 1987 hatte ich ein Gespräch mit Prof. R. Spaemann. Es war an dem Tag, wo ich (etwa eine Stunde früher) die Erklärung meines Austritts aus der Kirche nach Rom geschickt hatte. Als ich diese Nachricht Prof. Spaemann mitteilte, war er sehr konsterniert. Um zu beweisen, dass ich den falschen Schritt getan hatte, erzählte er mir ein Privatgespräch, das er mit dem jetzigen Papst gehabt hatte. Damit sagte er, würde er mir dartun, dass die Kirche viel offener und liberaler sei, als ich ihm nahebringen wollte. Ich habe diese Erzählung sofort nachher schriftlich notiert, so dass meine Wiedergabe, wenn nicht wortwörtlich, so doch als sehr getreu betrachtet werden kann. Nun lasse ich Prof. Spaemann selbst sprechen:‹Am Ende unseres Gesprächs frug ich den Papst ganz direkt: «Ihre Heiligkeit, was denken Sie von einem Katholiken, der von Reinkarnation überzeugt ist?» Er wollte nicht antworten, wartete ein wenig und dann sagte er lächelnd:«Fragen Sie doch den Kardinal Ratzinger, den Sie gut kennen. Er ist ja für Glaubensfragen zuständig!» Ich aber fuhr fort: «Nein, Ihre Heiligkeit, ich möchte, dass Sie mir sagen, was Sie darüber denken.» Wiederholtes Schweigen und Warten. Nach einigen Sekunden sagte der Papst:«Wir müssen uns immer an der Heiligen Schrift orientieren. Was finden wir dort? Finden wir Äußerungen, die eindeutig gegen die Reinkarnation sprechen? Nein. Finden wir Äußerungen, die eindeutig dafür sprechen? Auch nicht. Obwohl vielleicht die Schrift eher in Richtung Nicht-Reinkarnation zu interpretieren ist.» Hier wartete der Papst noch eine kleine Weile, und dann fuhr er fort:«Ich kenne einen polnischen Philosophieprofessor, der jeden Tag in die Messe und zur Kommunion ging und der von Reinkarnation sehr überzeugt war.»Dann wartete er noch einige Sekunden und sagte mit seinem polnischen Akzent: «Viele Fragen ...

wenige Antworten!» ›Bis hier die Erzählung des Gesprächs. Ich habe noch sehr in Erinnerung, wie Spaemann den Akzent des Papstes beim letzten Satz imitierte. Dann fügte Prof. Spaemann hinzu, dass er von zuversichtlichen Quellen mit Sicherheit weiß, dass mit dem Philosophieprofessor der Papst sich selbst gemeint hat. Damit wollte er mir zeigen, wie offen der Papst in dieser sehr wichtigen Frage ist, und dass es in der Kirche auch Platz gibt für Menschen, die wie ich von Reinkarnation überzeugt sind.»

"Derselbe polnische Anthroposoph, der die betreffende Zweigleiterin persönlich kannte und diese Dinge dem Verfasser dieser Zeilen bereits vor rund zwanzig Jahren mitgeteilt hatte, erzählte auch von einer von ihm selbst gesehenen Photographie, auf der auf Woitylas Schreibtisch die zu Beginn der 80er Jahre auf Deutsch erschienenen Werke Valentin Tombergs zu sehen sind. "Diese Werke waren: Die Großen Arcana des Tarot, Ausg. B, 2 Bde. von Anonymus d'Outre-Tombe (das ist das Pseudonym für Valentin Tomberg)." (Aus www.perseus.ch (Der Europäer Jg. 9 / Nr. 7 / Mai 2005))

== Pietro Archiati's Kritik am Goetheanum hinsichtlich I. Abouleish (Dokumentation) ==

"WIE DORNACH ANTHROPOSOPHIE UND CHRISTENTUM FÖRDERT (Grundlagen zur Urteilsbildung)"

Pietro Archiati

"„Ich fasse zusammen: Im Johannesevangelium (8,58) heißt es: 'Ehe denn Abraham ward, bin ich'. Dieser Satz bezieht sich auf den weisheitsvollen göttlichen Plan, durch den wir gewandert sind. Da sind zwei Strömungen: der Ismael-Strom, der zweitausendsechshundert Jahre geruht hat bis zur Geburt Mohammeds, und der Isaak-Strom, von dem alle biblischen Propheten stammen und der bis zur Geburt Jesu reicht. Nach der Taufe Jesu zog das göttliche Ich des Christus in ihn ein, so dass wir ihn Jesus Christus nennen können. Seither wirkt das Christliche in der Erde und im Menschen. Seither gibt es Träger des Christus-Impulses. Sechshundert Jahre danach lebt dieser Impuls in neuer Form individualitäts- und gemeinschaftsbildend auf, um uns auf das moderne abrahamitische Zeitalter vorzubereiten

15

durch den Propheten Mohammed, so dass wir ihn Mohammed, Träger des Christus-Impulses nennen können."

Ibrahim Abouleish (bei der Weltreligionen-Tagung 2000 am Goetheanum in Dornach vor mehreren Hundert Menschen in seinem Vortrag „Islam und Anthroposophie"; veröffentlicht in „Esoterik der Weltreligionen", Hrsg.: Virginia Sease, Verlag am Goetheanum 2001, S. 66)*

□ □ □

„Da fiel sein prophetischer Blick [des Verfassers der Apokalypse] auf jene Lehre, welche nun im Osten entsteht – um 666 –, und welche zurückgreift in jenes Mysterienwesen, das nichts weiß vom Sohn: die mohammedanische Lehre. Die mohammedanische Lehre kennt nicht diese Struktur der Welt, von der ich Ihnen gesprochen habe, sie kennt nicht die zwei Reiche, das Reich des Vaters und das Reich des Geistes, sie kennt nur allein den Vater. Sie kennt nur die starre Lehre: Es gibt nur einen Gott, Allah, und nichts, was neben ihm ist, und Mohammed ist sein Prophet. – Von diesem Gesichtspunkt aus ist die mohammedanische Lehre die stärkste Polarität zum Christentum, denn sie hat den Willen zum Beseitigen aller Freiheit für alle Zukunft, den

Willen zum Determinismus, wie es nicht anders sein kann, wenn man die Welt nur im Sinne des Vatergottes vorstellt.

Und der Apokalyptiker empfindet: Da kann der Mensch sich nicht selber finden. Da kann der Mensch nicht durchchristet werden."

Rudolf Steiner (Vortrag vom 11. September 1924, Dornach, GA 346, S. 107)

□ □ □

*Ibrahim Abouleish wurde sowohl 1995 als auch 2000 für die Weltreligionen-Tagung in Dornach vom Vorstand der Anthroposophischen Gesellschaft eingeladen. An beiden Tagungen waren auch mitwirkend: Sergej Prokofieff, der 2000 in den Vorstand kooptiert wurde; Virginia Sease, langjähriges Mitglied des Vorstands; Manfred Schmidt-Brabant (gest. 2001), langjähriger Vorsitzender der Anthroposophischen Gesellschaft.

WORUM ES BEI DEN ZITATEN von I. Abouleish und R. Steiner
GEHT

Bei den zwei angeführten Zitaten geht es nicht um irgendeine Ansicht des Vorstands der

Anthroposophischen Gesellschaft. Noch weniger geht es um die Ansichten von I. Abouleish, zu denen er das volle Recht hat. Es geht vielmehr um Taten des Vorstands: die zweimalige Einladung von I. Abouleish, die Veröffentlichung seiner Gedanken und die objektive Wirkung dieser Taten in der Menschheit.

Kaum hatte ich die zwei Äußerungen von Ibrahim Abouleish und Rudolf Steiner in Umlauf gebracht, – ich wollte zunächst die Tatsachen ohne Kommentar für sich sprechen lassen – wurde ich von der Lektorin des Buches „Esoterik der Weltreligionen" angerufen. Sie sagte, sie habe die Tonbandfassung verändert. Da vergleiche der Redner mit aller Deutlichkeit „Jesus-Christus" wörtlich mit „Mohammed-Christus" und bezeichne sie als gleichwertig. – Dies kann nur als abermalige Menschwerdung des Christus im Fleische verstanden werden. Die Sicht von I. Abouleish, die er für vereinbar mit der Anthroposophie hält, stellt in Wirklichkeit eine völlige Umkehrung der Anthroposophie ins genaue Gegenteil dar. Dies geschieht dadurch, dass der Geist des Christus, so wie Rudolf Steiner ihn unzählige Male dargestellt hat, mit dem was er als Gegengeist bezeichnet, gleichgesetzt wird. Objektiv gesehen, ganz unabhängig von möglichen guten

Absichten, ist dies die größte Christus-Lästerung, die man sich vorstellen kann. Dieser Lästerung bietet der Vorstand der Anthroposophischen Gesellschaft wiederholt sein höchst offizielles Rede- und Presse-Forum an. Ihre Verbreitung durch die Veröffentlichung kann nur den Mächten dienen, die danach streben, in der Menschheit das Bewusstsein des Christus auszulöschen.

Rudolf Steiner wurde nie müde, zu betonen: Das Rückgrat der Anthroposophie ist die Wahrheit, und das Rückgrat ihrer Repräsentanten kann nur die Wahrhaftigkeit sein. Die Wahrheit der Geisteswissenschaft Rudolf Steiners besteht darin, dass dieser jedes Phänomen von immer neuen Gesichtspunkten beschreibt. Mit dem Beschreiten dieses mittleren Weges vermeidet er stets nicht nur den Dogmatismus, den billigen Trost jeder geistigen Ohnmacht, sondern auch den Wahrheitsrelativismus, den eifrigen Diener aller irdischen Macht, der heute überall hinter der Maske der Toleranz jeder beliebigen Meinung auftritt. Ist das obere Ziel der Anthroposophischen Gesellschaft Meinung und Gegenmeinung in die Welt zu bringen? Werden durch die erwähnte Veröffentlichung die Menschen sich bestätigt fühlen dürfen, die meinen, dass die Anthroposophie, so wie sie von der Anthroposophischen Gesellschaft vertreten wird, unchristlich ist?

Jedes Mitglied der Anthroposophischen Gesellschaft ist durch die objektive Tatsache seiner Mitgliedschaft an diesem Wirken des Vorstands karmisch mitschuldig – ob das ihm bewusst ist oder nicht. Durch die Weihnachtstagung 1923/24, wenn vom christlichen Geist inspiriert, konnte Rudolf Steiner nur die Aufhebung aller Machtansprüche der irdischen Institution im Sinn haben. Umgekehrt hat die real entstandene Anthroposophische Gesellschaft eine Selbstheiligung als irdische Institution daraus gemacht. In einer für ihn selbstverständlichen Nebenbemerkung sagt Rudolf Steiner diesbezüglich am 26.12.17: „Anthroposophisch orientierte Geisteswissenschaft kann sich allerdings nicht zu einer irdischen Institution bekennen, denn eine irdische Institution würde mit ihren Ansprüchen bloße Machtansprüche entfalten." Die erwähnten Taten des Vorstandes beweisen symptomatisch, dass ihm die eigene Macht wichtiger ist als die Anthroposophie und die Wahrheit über den Christus – für Rudolf Steiner das Allerwichtigste, wovon unendlich viel im Schicksal der Menschheit abhängt.

Ich bin jedem dankbar, der mir hilft, die Wahrnehmung dieser Tatsachen jedem Mitglied

der Anthroposophischen Gesellschaft zu
ermöglichen. Auf welche Weise jedes einzelne
Mitglied zu diesen Wahrnehmungen Stellung
nimmt, ist seine ganz individuelle
Angelegenheit. Ich hätte gerne weiterhin die
Sicht Rudolf Steiners über den Islam nicht ohne
weitere Erklärung in die Öffentlichkeit gebracht,
wenn ich nicht in den Taten des Vorstands eine
Herausforderung an die geistige Welt sehen
würde.

Der heutigen Menschheit, die Unsägliches unter
dem Geist der Unwahrheit zu leiden hat,
wünsche ich recht viele Menschen, die noch die
Fähigkeit haben, vom Erschütternden erschüttert
zu werden. Und das Erschütternde liegt weniger
dann vor, wenn der Vorstand der
Anthroposophischen Gesellschaft die erwähnte
Veröffentlichung vornimmt, als wenn über
50.000 Mitglieder in der Öffentlichkeit darüber
schweigen.

Pietro Archiati, Dez. 2001

□ □ □

Im Goetheanum-Blatt vom 17.02.2002, in den
Nachrichten für Mitglieder der
Anthroposophischen Gesellschaft, (S. 45/6),
versucht die Herausgeberin der „Esoterik der

Weltreligionen" mit einem langen Zitat Rudolf Steiners ihre Entscheidung zu rechtfertigen, durch die Tat der Veröffentlichung dasjenige überall in der Welt zur Wirksamkeit zu bringen, was aus der Sicht Rudolf Steiners als die denkbar größte Christuslästerung und Verleumdung der Anthroposophie aufgefasst werden muss. Das von ihr angeführte Zitat (vom 11.02.1919, aus GA 193) bezieht sich auf die innere Haltung, die jeder Mensch den Gedanken jedes anderen Menschen gegenüber haben sollte, auch wenn er die Überzeugung hat, dass der Andere sich irrt. Diese Äußerungen Rudolf Steiners haben aber nichts damit zu tun, ob etwas veröffentlicht werden soll oder nicht. Dieser elementare Unterschied wird von der Herausgeberin gänzlich ignoriert.

Eine persönliche Bemerkung soll mir hier gestattet sein: Als ich 1995 bei der Weltreligionen-Tagung in Dornach zu den Rednern gehörte, habe ich das persönliche Gespräch mit I. Abouleish gesucht. Ich hatte, und habe bis heute, ehrliches Interesse an dem was er denkt und was in ihm lebt, und ich achte es, wie irrtümlich auch immer es mir erscheinen mag. Eine Frage, die ich ihm damals stellte - noch bevor ich meinen Vortrag hielt, der vor seinem kam - war mir die allerwichtigste: „Denken Sie, dass der Geist, der den Koran inspiriert hat, ein

Geist ist, der mit Christus und im Sinne Christi wirkt, oder ein Geist, der die entwicklungsnotwendige Aufgabe hat, als Gegenkraft zum Christus-Impuls zu wirken?" Ich habe noch den betroffenen, ich möchte fast sagen, tief beleidigten Ausdruck seines Gesichtes vor mir, als er mir erwiderte: „Aber selbstverständlich ist Mohammed vom christlichen Geist inspiriert worden, der Geist des Korans ist doch ganz und gar christlich." Eine zweifache Gewissheit leuchtete schmerzhaft in dem Moment in mir auf: erstens, dass ich es unmöglich mit meinem Gewissen vereinbaren könnte, mit diesem Menschen weiter zu wirken (bei allem inneren Interesse an ihm und Achtung seiner Überzeugungen) und zweitens, dass einer Anthroposophischen Gesellschaft, deren Vorstand diesen Menschen einlädt - seine Grundüberzeugung damals schon lange kennend- , die Förderung des Christus-Geistes und der zentralen Wahrheit der Anthroposophie weniger wichtig sein muss, als die Förderung der eigenen Macht. Als tief wahr empfand ich Rudolf Steiners Worte: „Eine Institution, die von einem gewissen Geist als ihrer Seele durchtränkt war, kann als Institution, wenn sie sich erhält, nur für das Vergangene kämpfen" (Am 03.06.1920, GA 198) Unter „einem gewissen Geist als ihrer Seele" verstehe ich in diesem Fall die

Individualität Rudolf Steiners bis zu ihrem Tod. Wenn die Weihnachtstagung 1923/24 eine reine Teilhabe am Urphänomen des Christusereignisses darstellt, dann gehört der Verrat unvermeidbar dazu, ein Verrat der nicht von Außen kommen kann, sondern der vom inneren Kreis kommen muss. Dies bedeutet aber nicht, dass eine solche Tatsache den Betreffenden voll bewusst ist. Um nicht durchschaut zu werden, bedienen sich die sehr schlauen antichristlichen Mächte lieber und wirkungsvoller der guten Intentionen der Menschen, als der schlechten. Und gute Intentionen kann jeder haben, und im Grunde hat sie jeder. Damals konnte ich nicht ahnen, dass einige Jahre später der Vorstand so weit gehen würde, die Einladung zu wiederholen und noch dazu die größte Christuslästerung, die größte Verleumdung Rudolf Steiners zu veröffentlichen. Dazu seien folgende Worte Rudolf Steiners angeführt: „Und es ist schon eine wichtige magische Verrichtung, das Unwahre in der Welt so zu verbreiten, dass es wie das Wahre wirkt. Denn in dieser Wirkung des <Unwahren wie des Wahren> liegt eine ungeheure Kraft des Bösen. Und diese Kraft des Bösen wird von den verschiedensten Seiten her ganz gehörig ausgenützt" (Am 20.01.1917, GA 174). Ich habe damals in der Zeitschrift Info3 (z.B. Mai 1996 am Schluss des Interviews) auf diese ganze Problematik aufmerksam gemacht. Die Mitgliedschaft hat meine Beiträge ignoriert, mich als anmaßenden Störenfried behandelt und der damalige Vorsitzende schrieb wirkungsvoll, unwidersprochen in einem Text der mehrere Unwahrheiten enthält, dass meine Bemühungen die Anthroposophische Gesellschaft „eher beschädigen als aufbauen." (Das Goetheanum, Mitteilungen vom 23.02.1997, S. 283).

Dass das Denkvermögen eines Menschen, der sich in einer Machtposition befindet, die elementarste Unterscheidung nicht treffen kann und Worte Rudolf Steiners missbraucht, um die Veröffentlichung der größten Christuslästerung zu rechtfertigen, ist für den nicht weiter verwunderlich, der die Sachzwänge der Macht etwas kennt. Wenn aber das Denken von Tausenden von Mitgliedern so geartet ist, dass es diese Veröffentlichung und ihre „Rechtfertigung" gut heißt, dann ist der Nachweis erbracht, dass folgende Worte Rudolf Steiners eine Prophetie darstellen, welche die jetzige Lage sehr genau beschreibt: „Immer kommt es darauf an, wenn es sich um Anthroposophie handelt, dass eine gewisse Seelenhaltung eintritt, nicht bloß das Behaupten eines andern Weltbildes, als man es im gewöhnlichen Bewusstsein hat. Das hat man eben nicht mitgemacht, die <Philosophie der Freiheit> anders zu lesen, als andere Bücher gelesen werden. Und das ist es, worauf es ankommt, und das ist es, worauf jetzt mit aller Schärfe hingewiesen werden muss, weil sonst eben einfach die Entwicklung der Anthroposophischen Gesellschaft ganz und gar zurückbleibt hinter der Entwicklung der Anthroposophie. Dann muss die Anthroposophie auf dem Umwege durch die Anthroposophische Gesellschaft von der Welt ja gänzlich missverstanden werden, und dann kann nichts anderes herauskommen als Konflikt über Konflikt!" (Am 06.02.1923, GA 257).

Die Anthroposophische Gesellschaft beansprucht, der offizielle Vertreter und Förderer der Anthroposophie Rudolf Steiners zu sein. Die Entscheidung des Vorstandes, die denkbar größte Christuslästerung zu veröffentlichen beinhaltet weniger die Verantwortung für den theoretischen Inhalt — diese wird von der Herausgeberin im Vorwort den Autoren überlassen — als vielmehr die unvergleichbar gewichtigere Verantwortung für die Initiative und die Tat der Veröffentlichung, wodurch Inhalte die zunächst nur in der Innerlichkeit der Menschen als Wahrheit oder Irrtum leben, überall in der Welt zur äußeren Wirksamkeit gebracht werden. Es ist die Verantwortung für die Art und Weise, wie

eine Unwahrheit, die das Wesen der Anthroposophie in das Gegenteil verkehrt, durch die Veröffentlichung in der Menschheit wirkt. Dazu Rudolf Steiner am 24.06.1920 (GA 197): „Ja, im äußeren physischen Leben, das ja jetzt gerade deshalb dem Niedergang entgegengeht, hat man immer nicht bemerken wollen die Funktion, die einschneidende Bedeutung der Unwahrheit. Auch wenn sie nicht beabsichtigt ist, wirkt die Unwahrheit doch zerstörend. Auf dem Boden, auf dem anthroposophisch orientierte Geisteswissenschaft steht, müsste man unter allen Umständen einsehen: Das, was im physischen Leben eine zerstörende Bombe ist, das ist im Geistigen eine Unwahrheit. Sie ist eine zerstörende Kraft, ein zerstörendes Instrument, und zwar ein ganz real zerstörendes Instrument." Und am 05.09.1920 (GA 199) sagt er: „Und so weit ist es gekommen, dass wir lügen, indem wir vorgeben, noch Christen zu sein, während wir die Hand bieten zur Verbreitung einer Weltanschauung, die widerchristlich, antichristlich ist."
Auch folgende Worte, in einem anderen Zusammenhang geäußert, gelten nicht weniger für unseren Fall: „...wenn er... ganz bewusst die Unwahrheit hinschreibt — und dies nennt man lügen. Und wer dawider etwas hat, dass man das sagt, der liebt die Lüge. Und wer sagt, wir

polemisierten zuviel, wenn wir die Wahrheit richtig bezeichnen, der hat keinen Sinn für Wahrheit und liebt die Lüge. Und die Lüge lieben, das sollte nicht unser Geschäft sein innerhalb der anthroposophischen Bewegung, sondern wir müssen die Wahrheit lieben. Gefühlt muss werden das ganze Gewicht dieser Worte: die Wahrheit lieben und nicht die Lüge lieben um der Konvention willen, um des angenehmen gesellschaftlichen Lebens willen. Denn nachsichtig sein mit der Lüge, ist gerade so viel schon, wie die Lüge lieben. Die Welt aber wird in der nächsten Zeit nicht durch das frivole Gleichgültigsein gegenüber der Unwahrheit, sondern allein durch das freie und frische Sich-Bekennen zur Wahrheit weiterkommen. [...] Denn zur rechten Liebe gehört ja Enthusiasmus für die Wahrheit. Und weiterkommen wird die Welt nur durch diesen Enthusiasmus für die Wahrheit." (Am 22.11.1920, GA 197) (Ähnliche Äußerungen hat Rudolf Steiner sehr oft gemacht; ich habe hier nur ganz wenige Bände der Gesamtausgabe herangezogen)

Es ist der Menschheit zu wünschen, dass es genügend Menschen gibt, die in der Gleichsetzung von Mohammed-Geist und Christus-Geist unter dem Thema „Islam und Anthroposophie" die lügenhafteste Verleumdung Rudolf Steiners und seiner Anthroposophie sehen, die man sich nur denken kann. Und wenn der Vorstand so weit geht, diese Verleumdung zu veröffentlichen — und noch dazu mit Worten Rudolf Steiners im Goetheanum-Blatt zu „rechtfertigen" — dann wünsche ich der Menschheit viele Menschen, die den Mut haben, Rudolf Steiner nicht als einen intoleranten Dogmatiker oder als einen fanatischen Fundamentalisten zu betrachten, wenn er seinen Zuhörern zuruft: „ Wer aber über diese Dinge nicht entsetzt sein kann, der hat auch nicht die Kraft, den Sinn für die Wahrheit zu entwickeln. Das ist dasjenige, worauf heute hingewiesen werden muss, dass eine gesunde Entrüstung über das Ungesunde der Quellpunkt sein muss für die Begeisterung für die neuen notwendigen Wahrheiten" (Am 09.03.1920, GA 197). Diejenigen, die in diesen Worten den Geist des Dogmatismus oder des Fanatismus sehen, müssten, wenn sie ehrlich sind, denjenigen um so mehr als dogmatisch und fanatisch ansehen, der vor 2000 Jahren so kompromisslos, so wenig „tolerant" der Unwahrheit gegenüber war, dass er deshalb zu Tode gebracht wurde.

Ich möchte mit folgenden Worten Rudolf Steiners schließen (Am 18.09.1920, GA 199): „Und diejenigen, die das Christentum zu verkündigen haben, würden um des Christentums willen den Materialismus der Universitäten bekämpfen müssen. Dass man es nicht tut, dass man die Dinge zusammenleimen will, das ist die große Lebenslüge unserer Zeit. Und wo die Gesinnung der Lügenhaftigkeit herrscht, da dehnt sich die Saat, da dehnt sich der Keim des Lügens aus, da schleicht er in die andern Lebensverhältnisse hinein".

Pietro Archiati, Feb. 2002
75378 Unterlengenhardt"

Pietro Archiati und sein jesuitisches Wirken „für die Anthroposophie":

(Tagebuchaufzeichnung von Ludwig Polzer-Hoditz von dessen letztem Besuch am Krankenlager Rudolf Steiners am 3. März 1925): «... Tragen Sie aber stets im Bewußtsein: Die Jesuiten haben die Religiosität, die Frömmigkeit, den Menschen genommen, sind ganz identisch mit der römischen Staatsgewalt. Der Kampf, d. h. die Sünde gegen den Geist, ist ihr Herrschaftsgewaltmittel, die einzige Sünde, von der die Schrift sagt, daß sie nicht vergeben wird. Und doch kann der Geist nicht ganz ausgerottet werden, aber nur wenige werden ihn hinübertragen in die Zukunft. Diese (jesuitische) Strömung sei auch innerhalb der ("anthroposophischen") Gesellschaft stark zu verspüren ...>>. So verkörpert z.B. Pietro Archiati, eine Art Jesuitismus - und auch dieser Geist wirkt heute in der Anthroposophischen Gesellschaft.

Zu Pietro Archiati's Buch "Jahrtausendwende - Menschheit wohin?" (1998) muß bemerkt werden: Der Einfluss der Widersachermächte wird in diesem Buch verharmlosend, ja, fast verniedlichend dargestellt. Daher kann dieses Buch - zumindest Anthroposophen - nicht empfohlen werden.

Zudem verfällt Pietro Archiati gewaltigen Irrtümern:

"Also das Unterlassen und das Unterdrücken des Geistes - wenn wir das Wort <<Geist>> für die Fülle der Menschlichkeit nehmen -, das sind die zwei Stufen des Bösen. Aber das Böse ist niemals wesenhaft, es ist immer entweder ein Unterlassen oder ein Unterdrücken eines Guten. In beiden Fällen ist es ein Manko: Ein mögliches Gutes wird nicht geschaffen oder es wird verhindert. Deswegen ist die Auseinandersetzung mit dem Bösen so schwierig, weil wir immer wieder in den Irrtum hineinkommen, das Böse als etwas Reales, als etwas Handfestes und

Wesenhaftes anzusehen. Das ist auch eine Illusion." (Pietro Archiati: Mit Engeln und Verstorbenen leben, S. 52 - 53). Pietro Archiati unterliegt hier als ehemaliger katholischer Priester gleich zwei Irrtümern. Das Böse ist nicht wesenlos - und es kennt nicht lediglich zwei Pole bzw. Stufen. Das wesenhafte Böse bildet eine Dreifaltigkeit ganz eigener Art: Luzifer, Ahriman und Sorat-Asuras. Einem ähnlichen Irrtum dem Bösen gegenüber verfiel auch Valentin Tomberg und zwar nach seiner Konversion zur katholischen Kirche.

Gegenüber Pietro Archiati lässt sich als bedeutender Hinweis auf seinen gigantischen Irrtum anführen, dass nur Wesen sich inkarnieren können. Eine wesenlose Inkarnation gibt es nicht. Daher ist die Inkarnation Luzifers in China, als ein vergangenes Ereignis und die zukünftige Inkarnation Ahrimans im Westen (wohl in Amerika), wie sie von Rudolf Steiner konstatiert wurden, ein schlagender Beweis gegen Archiati's Sophistereien, soweit man Rudolf Steiner hier folgen will.

Nicht umsonst sagte mir Rüdiger Keuler am Telefon, als ich mit ihm über das Phänomen "Pietro Archiati" sprach: "Er ist ein Jesuit!"

Die **Päpstliche Universität Gregoriana,** an der Pietro Archiati Theologie studierte, befindet sich in der Trägerschaft der Jesuiten, auch der Leiter dieser Universität war jeweils ein Jesuit.

Indem Pietro Archiati nun die Klassenstunden und deren Mantren in unschlagbar billigen Ausgaben „Für alle Menschen" (so der Obertitel) zugänglich macht, schadet er der Anthroposophie und auch der Freien Hochschule für Geisteswissenschaft, denn eine sachgemäße Kommentierung der Klassenstunden, wie in der Ausgabe durch den Perseus Verlag vorhanden, fehlt bei ihm vollends. Indem Archiati nun also die Klassenstunden für jedermann zugänglich zu machen sucht, muß er Missverständnisse ohne Ende in kauf nehmen, indem er Menschen erreicht, denen für die Klassenstunden und die Mantren jede sittliche Reife fehlt, und welche sich diese nur beschaffen, wegen des geheimnisumwitterten Flairs, der die Klassenstunden „umweht".

Werke (in Auswahl)

* Pietro Archiati: "Erneuertes Christentum und Wiederverkörperung", Verlag Freies Geistesleben, Stuttgart 1996
* Pietro Archiati: "Jahrtausendwende - Menschheit wohin?", Verlag Freies Geistesleben, Stuttgart 1997
* Pietro Archiati: "Christentum oder Christus?", Verlag am Goetheanum, Dornach 1995
* Pietro Archiati: "Die Weltreligionen. Wege des Menschen zu sich selbst", Verlag am Goetheanum, Dornach 1997
* Pietro Archiati: "Die Überwindung des Rassismus durch die Geisteswissenschaft Rudolf Steiners", Verlag am Goetheanum, Dornach 1997
* Pietro Archiati: "Was ist Reinkarnation und Karma?", Verlag am Goetheanum, Dornach 1998
* Pietro Archiati: "Macht oder Menschlichkeit - Geld und Geist in der Weltwirtschaft", DreiEins Verlag, Bielefeld 2000
* Pietro Archiati: "Wie wird Weihnachten wieder echt?" (Vortragsmitschnitte auf 5 Hörbuch-CD's), Archiati Vlg., Bad Liebenzell 2011
* Pietro Archiati: "Mit Engeln und Verstorbenen leben". Die Menschheit an der Schwelle zum Geist, Archiati Vlg., Bad Liebenzell 2011

* Pietro Archiati: "Islam und Christentum". Eine herausfordernde Liebesbeziehung, Archiati Vlg., Bad Liebenzell 2006

* Pietro Archiati: "Kunstwerk Biografie". Eine Entdeckungsreise durch den Lebenslauf des Menschen, Archiati Vlg., München 2006

* Pietro Archiati: "Aus meinem Leben". Meine Erfahrung mit Kirche und Anthroposophie, Archiati Vlg., München 2004

* Pietro Archiati: "Geisteswissenschaft im 3. Jahrtausend. Anlässlich der Erscheinung von SKA Band 5", Rudolf Steiner Ausgaben, Bad Liebenzell 2013 (Neuauflage unter dem Titel: "Der Intellektualismus und die Anthroposophie. Eine Einführung in die Geisteswissenschaft Rudolf Steiners", Rudolf Steiner Ausgaben, Bad Liebenzell, 4. erweiterte Auflage 2014)

Autobiographische Notiz:

Michael Heinen-Anders wurde am 25.02.1960 in Köln geboren. Er studierte an der Bergischen Universität Wuppertal Wirtschafts- und Sozialwissenschaften.
1989 schloss er das Studium als Diplom-Ökonom ab.
Michael Heinen-Anders trat 1994 der Anthroposophischen Gesellschaft, Zweig Köln, bei.
Seit 2011 ist er gleichfalls Mitglied der Freien Hochschule für Geisteswissenschaft.
Er veröffentlichte zahlreiche literarische, essayistische und wissenschaftliche Schriften, darunter „Aus anthroposophischen Zusammenhängen", BOD, Norderstedt 2010 und „Aus anthroposophischen Zusammenhängen Band II", BOD, Norderstedt 2017.
Michael Heinen-Anders lebt in Köln, ist geschieden und hat zwei erwachsene Töchter.